Laut Natze ist die wichtigste Regel bei Limericks, dass am Ende der ersten Zeile ein Ortsname stehen muss.

Jon und Jonas haben das gerade nochmal gegoogelt. Das stimmt gar nicht!

Aber da war das Buch halt schon gedruckt.

In Liebe, eure Rotköhlchen

* Die Reihenfolge der Orte in diesem Buch entspricht exakt der Reihenfolge, in der wir an ihnen vorbei gefahren sind. Für die volle Rotkohl-Experience empfehlen wir dringend, der Route eins zu eins zu folgen.
** Allgemein ist Natze ziemlich langweilig.
*** Ja, es ist gemein sich über Legastheniker lustig zu machen. Aber Jon ist einer und der hat geschrieben das sei in Ortnunk.
***Alle Zeichnungen sind von Jonas.

Dieses Buch beruht auf einer wahren Begebenheit.

Jon Lorenzen
Nathanael Siering
Jonas Zimmermann

Das
Schweigen
der Limericks

Vorwort

Willkommen in diesem Buch. Wir sind Natze, Jon und Jonas, zusammen die mittelmäßig erfolgreiche Band *Frau Rotkohl* aus Berlin. Wir schreiben Limericks auf Fahrten zu Auftritten*, weil Natze dabei meistens langweilig ist.**

Dann kam die Pandemie, die Auftritte waren futsch und die Langeweile blieb. Also haben wir beschlossen, ein ganzes Buch voller Limericks zu schreiben.

Ein Limerick ist ein Gedicht mit dem Reimschema AABBA – was für Legastheniker klingt wie eine schwedische Popband bedeutet eigentlich nur, dass sich die letzte Zeile nochmal auf die erste reimt.*** Und damit euch dabei auch nicht langweilig wird, haben wir zusätzlich Bilder gemacht. Zum Glück können Natze und Jon sehr gut zeichnen.****

Kapitel 1

Limericks

Saale

Ich demonstrierte einst an der Saale
Mit 'nem Schild: "Stoppt das Fangen der Wale!"
  Man hat dort seit Langem
  Keinen Wal mehr gefangen.
Ein Erfolg, mit dem ich gern prahle.

See

Der Vampir René beißt in See
In den Zeh der Fee Désirée.
  Doch sein Herz - arg - das stockt.
  Und sein Blut - urg - das flockt.
Er hat null, sie Blutgruppe B.

Zossen

Ein Eisskulpturkünstler aus Zossen
Hat sich in sein Kunstwerk verschossen.
  Eine Göttin aus Eis,
  Ihre Liebe war heiß.
Doch inzwischen, da ist sie verflossen.

Aachen

Ein Angeber sagte in Aachen:
"Ich kann in verschiedenen Sprachen –
  Und glaub mir, das geht,
  Dass jeder versteht
Global, also, kann ich halt Schnarchen."

Emmendingen

Zwei Lemminge gingen gen Emmendingen
Und wollten gemeinsam von Dämmen springen.
  Doch da war dann, ach,
  Der Damm viel zu flach,
Sodass sie halt später an Stämmen hingen.

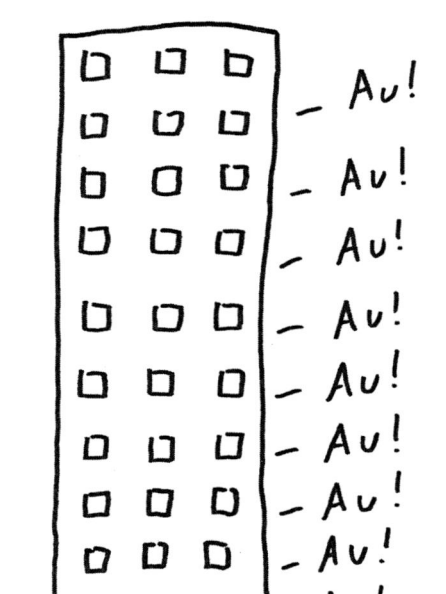

Bielefeld

In einem Hochhaus in Bielefeld
Gibts 'nen Typ, der grad durch die Diele fällt.
  Doch diese Böden
  Gehör'n zu den spröden,
Weshalb er durch sehr sehr sehr viele fällt.

Ein Reisender in Königs Wusterhausen,
Der musste bei Bäcker und Schuster hausen.
  Für bessere Sicht
  Machte er Licht
Und verstand, warum alle hier duster hausen.

Berlin

Es war ein Student in Berlin,
Der hatte 'nen Prüfungstermin.
  Den hat er vergessen
  Und lernt nun stattdessen,
Barcodes durch Scanner zu zieh'n.

Clenze

Es gibt dort ein Dorf namens Clenze,
Das lag einmal nahe der Grenze
   Zu der DDR.
   Die gibts heut nicht mehr.
Drum vergaß man auch Clenze in Gänze.

Aachen

Es gab 'nen Professor in Aachen,
Der traf mit Studenten Absprachen.
  "Ich prüf nur den Dreisatz."
  Doch dann kam Partialbruchzerlegung
                am Beispiel komplexer
                      Polstellen dran.

Weswegen sie ihn dann erstachen.

Ayl

Es gab einen V-Mann in Ayl,
Der sprach jeden Satz nur zum Teil.
  Weshalb man im Amt
  Den Eklat nicht verstand:
Was war denn so schlimm am Wort "Sieg"?

Kaifenheim

In den Serpentinen vor Kaifenheim
Fahren die meisten in Schleifen heim.
  Querfeldein durch den Wald,
  Das geht auch, man kommt halt
Mit weniger Spiegeln und Reifen heim.

Azoren

Ein Bergsteiger auf den Azoren
Hat 'ne Klippe für's Selfie erkoren.
   Kurz drauf hat er nicht
   Nur das Gleichgewicht,
Sondern auch noch sein Leben verloren.

St. Martin

St. Martin ritt einst durch St. Martin
Und traf einen Bettler, der bat ihn:
   "Du siehst, wie ich frier,
   Teil den Mantel mit mir!"
St. Martin sprach "nö" und er trat ihn.

Bergen an der Dumme

Die Bewohner von Bergen an der Dumme
Sagen: "Es ist nicht geil hier in der Summe.
  Doch eins können wir feiern:
  Zumindest ist hier nicht Bayern.
Denn dann wären wir ja Dumme an den Bergen."

Rom

Ein Fisch in der Bucht nahe Rom
Schwamm begeistert gegen den Strom,
  Ins Maul von 'nem Hai,
  Da war's dann vorbei.
Nur dagegen sein ist kein Axiom.

Mainz

Es war mal 'ne Dame aus Mainz,
Die hatte 'nen Mann, der hieß Heinz.
  Sie wollte ein Kind.
  Wie Mainzer so sind,
Bekam sie mit Udo dann eins.

Parma

In einer Kleinstadt bei Parma,
Da predigt der Dalai Lama.
  Dann schubst er ein Rind
  Direkt auf ein Kind.
Das war's dann wohl mit dem Karma.

Einen Herrn namens Karl-Heinz aus Thomm.
Den fragte man: "Where are you from?"
  Drauf sagte Karl-Heinz:
  "Schau in Zeile eins,
Da steht es doch, wo ich herkomm."

Schleswig

Ein Ehepaar lebte in Schleswig,
Im Bett war der Mann eher mäßig.
   Er stöhnte benommen:
   "Boah, ich bin grad gekommen!"
Drauf nickte sie nur und sprach: "Weeß ich."

Schwerin

Es war eine Maid in Schwerin,
Dabei, um die Häuser zu ziehn.
  Doch trank sie dabei
  Ihre Leber entzwei.
Also Kinder: Finger weg vom Benzin.

Konstanz

Ein Einbrecher sagte in Konstanz,
"Wenn ich auf dem Sims des Balkons tanz,
  Kann's sein, dass ich falle
  Und sichtbar für alle
Meinen Umriss dort in den Beton stanz."

Wetzlar

Es gab einen Jungen in Wetzlar,
Für den war das Leben unschätzbar.
   Für sein Kühe lieben
   Bekam er mit sieben
'Nen Tierpflege-Kurs bei 'nem Metzger.

Wolpertswende

Einen Geistlichen in Wolpertswende
Fragte man, was er am schönsten fände.
  "Ich stelle mir vor,
  So ein Knabenchor
Und dann ich, wie ich die Knaben dirigiere."

Stade

Ein Turmspringer drüben in Stade
Erklettert die Treppe gerade.
  Setzt an zu 'nem Sprint
  Und springt komplett blind ...
Das Becken ist leer. Na ja, schade.

Wendesee

Ein schüchterner Mann aus Wendesee
Sprach zur Maid: "Wenn ich deine Lende seh,
  Neig' ich zum erröten
  Weshalb ich in Nöten
Dann doch lieber auf meine Hände seh."

Salzgitter

Es erwischten 'nen Hund in Salzgitter
Zwei Blitze bei einem Gewitter.
   Er floh unters Sofa,
   Was unterm Strich doof war,
Denn das Sofa erreichte ein dritter.

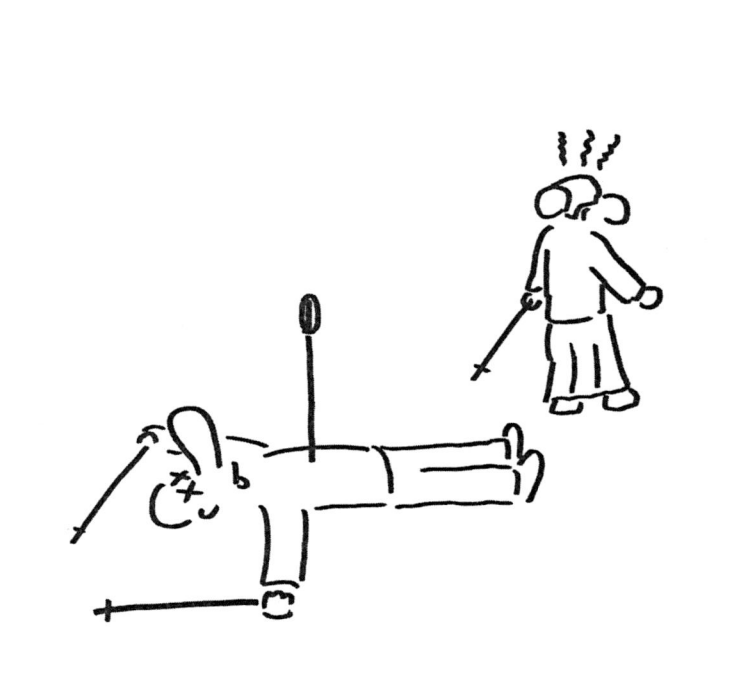

Bordfeld

Wenn ein Rentner im Walde von Bordfeld
Seiner Gattin beim Walken ins Wort fällt,
  Was im Wald keiner hört,
  Und es deshalb nicht stört –
Ist das so, dass, was folgt, unter Mord fällt?

Holland

Ein Holländer lebte in Holland,
Weil er es in Holland sehr toll fand.
  Er sagte: "Bis heute
  Stör'n mich nur die Leute!"
Weil er es in Holland zu voll fand.

Anden

Ein Parkplatz im Norden der Anden
Ist Schauplatz für Kämpfe von Banden.
   Das letzte Duell
   Dort endete schnell,
Weil beide den Parkplatz nicht fanden.

Gera

Es gab einen Mobber in Gera,
Und der war ein wirklich unfairer.
  Er hat ständig gemobbt,
  Niemand hat ihn gestoppt,
Er war leider Gottes der Lehrer.

Ratzeburg

Ein Zauberer war mal in Ratzeburg.
Der sagte: "Bevor ich zu Natze gurk,
  Geh ich in den Garten
  Zu Kindern, die warten
Und verwandel die Hüpf- in 'ne Platzeburg!"

Panker

Im Suezkanal Richtung Panker,
Da steuert ein Trottel 'nen Tanker.
  "Hier kommt keiner mehr,
  Ich parke jetzt quer."
Und legte bei Volldampf den Anker.

Xanten

Das Brot beim Bäcker in Xanten
Bestand aus krustigen Kanten.
   Es verwandelte Zähne
   Der Kunden in Späne,
Weshalb sie es "Zahnarztgold" nannten.

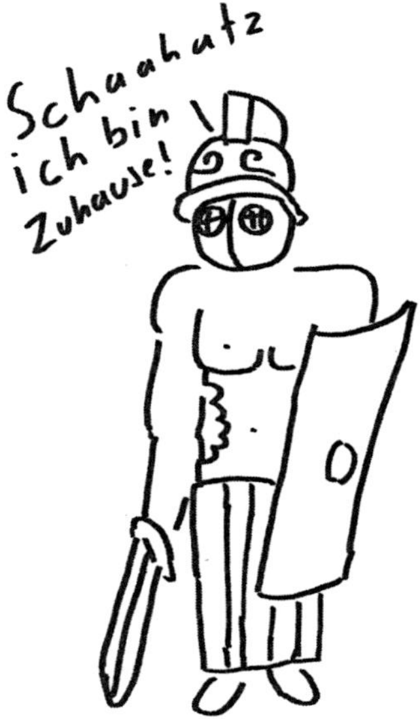
Schaahatz
ich bin
Zuhause!

Riga

Ein Star-Gladiator aus Riga:
"Ich bändige euch jeden Tiger!"
  Kam später zurück,
  Ihm fehlte ein Stück.
Der Tiger war diesmal der Sieger.

Ein Torero prahlte in Trier:
"Ich entmanne euch glatt jeden Stier!"
  Er schritt dann zur Tat,
  Singt heut' als Kastrat.
Denn auch hier war der Sieger das Tier.

Hürth

Auf der Zugstrecke Brühl–Trosdorf–Hürth
Habe ich es ganz deutlich gespürt:
  In welch riesige Stadt
  Mich die Bahn gefahr'n hat.
Denn die Strecke hat bis Köln geführt.

Gießen

Zwei Waffenliebhaber aus Gießen,
Die wollten sich gerne erschießen.
  Doch: "Schockschwerenot,
  Dann wär'n wir ja tot!"
Der Grund, warum sie es ließen.

Cannes

Ein noch jüngeres Mädchen aus Cannes,
Die war sehr verliebt in den Hannes.
   Doch Hannes sagt: "Mann,
   Die Stadt, die heißt Cannes!"
Denn Französisch: Hannes, der kann es.

Soest

Es gab einen Heiland in Soest
Der hat kurz vor Ostern gedoest.
  Er wurde gefangen,
  Am Kreuz aufgehangen.
So hat er die Menschheit erloest.

Eine Eule im Stadtpark von Rudow
Bastelt eine Puppe zwecks Voodoo.
  Der Kleber hält schlecht,
  Drum fragt sie den Specht.
Der sagt: "Nimm mal Pattex statt Uhu!"

Gorben

Es war eine Sorbin in Gorben,
Die wurde von Torben umworben.
　Er ist nach dem Witze,
　Ihre Zitze sei spitze,
Des natürlichen Mordes gestorben.

Halle

Es war eine Dame in Halle,
Die wurde gerufen "Chantalle".
  Das klingt jetzt zwar mies,
  Doch war's nicht so fies,
Denn Chantalle, so heißen da alle.

Wommen

Für Bob Marley hat damals in Wommen
Die Karriere den Anfang genommen
  Er hörte Geschrei
  Und bat nur: "No cry!"
So ist er auf auf den Welthit gekommen.

England

Weil ein Comic-Charakter aus England,
Den Platz in den Panels zu eng fand,
  Nahm er Dynamit
  Und bewirkte damit
Dass im letzten Panel dann "PENG" stand.

Herne

Ein Fahrradfahrer in Herne,
Der schaute beim Fahrradfahren Sterne.
  Er fand Kassiopeia,
  Krebs und die Leier
Und bremste mit einer Laterne.

Ein Gemahl sagt in Herdecke-Ende
Seiner Frau, was er noch schöner fände.
  Er erklärt ihr: "Man müsste
  Dir vergrößern die Brüste."
Sie: "Verkleiner' dir doch deine Hände!"

Bonefeld

Es gibt einen König in Bonefeld,
Der, stolpert er, immer mit Krone fällt.
  Doch heut ging er raus,
  Ließ die Krone zu Haus,
Weshalb er beim Stolpern jetzt ohne fällt.

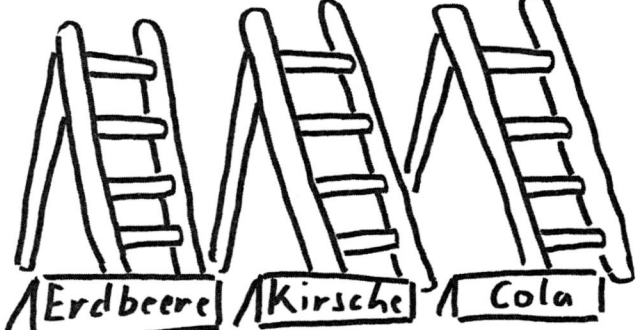

Rostock

Es war eine Dame in Rostock,
Die hatte so richtig auf Rost Bock.
  So schleckte sie heiter
  An einer Leiter,
So nennt man die Lollis im Ostblock.

Leipzig

Ein Zuhälter sagte in Leipzig
Zum Freier: "Die Beene, die spreiz ick
  Wohl selbst dieses Mal,
  Eh ich wen bezahl'.
Ich bin auch nicht geil, aber geizig."

Theuma

Ein Teenager plante in Theuma
Den Abend: "Ich glaube, ich streu ma'
  Mein Erbgut zur Erde,
  Trotz Mutters Beschwerde."
Tja, jetzt ist er blind und hat Rheuma.

Ein komischer Vogel in Hessen
War ganz auf den Ruhrpott versessen.
  "Das ist mein Pläsierchen:
  Ich mag Gelsenkirchen.
Und Duisburg. Doch am schönsten ist Dortmund."

Zweibrücken

Es gibt einen Herrn in Zweibrücken,
Der will seine Freundin beglücken.
  So fragt er sie, wie.
  "Wär's möglich", sagt sie,
"Dich untenrum neu zu bestücken?"

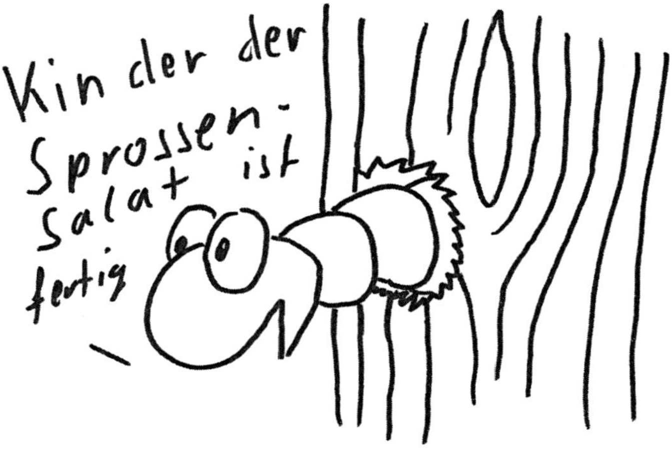
Kinder der
Sprossen-
salat ist
fertig

Crossen

Ein Leiternverkäufer aus Crossen
Hat 'n Holzwurm als Zimmergenossen.
  Der knabbert ganz keck
  Die Leitern ihm weg
Was übrig bleibt, sind nur die Sprossen.

Jemen

Es gibt einen Herren im Jemen,
Der hat ein ganz übles Benehmen.
  Er fragt häufig bei Tisch:
   "Was ist grün, stinkt nach Fisch?"
Und antwortet selbst: "Werder ...
                   Polizei angehört."

Bern

Es war mal ein Maler in Bern,
Der malte mit Braun ziemlich gern.
  Doch hat er, oh Not,
  Nur Zugang zu Kot ...
Sein Trump-Porträt trifft einen Kern.

Panorama
von Trebel

Trebel

'Nem Discobesitzer in Trebel
Klemmte auf Anschlag der Hebel
  Der Nebelmaschin'.
  So nannten sie ihn
Den Typ, der Schuld ist am Nebel.

Imma

Es war mal ein Bernstein in Imma,
Der fand es tagtäglich noch schlimmer,
  Alleine zu sein,
  Als einzelner Stein.
(Er gehörte mal zu einem Zimmer.)

Bhutan

Es war mal ein Mann in Bhutan
Der wollte gern Stromkosten spar'n.
  "Ich will nicht viel zahlen,
  Ich kann selber strahlen."
Dann biss er beherzt in Uran.

Moin!

Panorama
von Kiel

Kiel

Auf der Kieler Woche in Kiel,
Da gab es ein Kennenlernspiel.
  Der eine sagt: "Moin!"
  Die and're sagt:

                          ...
Ihr war das Gequatsche zu viel.

Sachsen

Ein Bauarbeiter in Sachsen
Der wollte dringend relaxen,
  Auf dem frischen Asphalt.
  Es erwischte ihn kalt
Die Planierraupe – man kann ihn faxen.

Fährdorf

In Mehrdorf, 'nem Dorf nahe Fährdorf
Sprach jemand: "Boah, das ist echt sehr Dorf.
  Aber wenn ich jetzt geh
  Und mich drüben umseh,
Ist Fährdorf ja wirklich noch mehr Dorf."

Gehrden

Einen Wunsch hat ein Mädchen aus Gehrden:
"Ich will gerne Reiterin werden!"
  Da sagte die Fee
  Als Antwort nur: "Ne,
Aus dir mach ich eins von den Pferden."

Inn

In 'ner Besenkammer am Inn
Fragt ein Tennisstar: bin ich schon drin?
  Wenn ihr jetzt nicht wisst,
  Wo die Pointe hier ist:
Die ergab in den Neunzigern Sinn.

Antillen

Ein Säugling auf den Antillen
Hat einen unglaublichen Willen.
  Er hat es geschafft,
  Aus eigener Kraft
Sich selber zu wickeln und stillen.

Saarbrücken

Es war mal ein Herr in Saarbrücken,
Der bemerkte in seinem Haar Lücken.
    Er tackert 'ne Katze
    Auf seine Glatze,
Denn Katzen sind gute Perücken.

Weimar

Eine Frau lebte einma' in Weimar,
Die lacht' über Witze oft zwei ma'.
  Und manchmal noch mehr
  Das war auch nicht schwer,
Denn Katzen sind gute Perücken.

Waterloo

Napoleon war mal in Waterloo.
Das Ende des Kampfes, das sah er so
  Nicht wirklich voraus.
  "Ich erleb'", rief er aus,
Hier grad mein persönliches
              ... nun ja, Waterloo."

Hagen

Es gab einen Typ namens Hagen,
Dem platzte beim Jagen der Kragen.
  Der Siegfried sprach: "Ne,
  Ich bin gar kein Reh!"
Und er hat ihn trotzdem erschlagen.

Hagen ist kein Ort, ihr Dödel!

Hagen

Es gab einen Typen in Hagen,
Dem platzte beim Jagen der Kragen.
  Der Siegfried sprach: "Ne,
  Ich bin gar kein Reh!"
Und er hat ihn trotzdem erschlagen.

HAGEN IST WOHL EIN ORT!

Nossen

Ein Waffenliebhaber aus Nossen
Hat das Schießen mit Waffen genossen
  Und kam ihm wer dumm,
  Schrie er: "Ich bring dich um!"
Und hat dann den Spiegel erschossen.

Landshut

Eine Frau namens Ute in Landshut,
Die fand einen Mann namens Franz gut.
  Er war immer charmant
  Und stets elegant.
Nur Franz, der fand leider Hans gut.

Wuppertal

Ein Limerickdichter in Wuppertal
Der hatte am Hintern ein Muttermal.
  Das gab seinen Fürzen
  Einen Duft nach Gewürzen.
Das glaubst du nicht? Bitte:
                Dann schnupper mal!

Dereinst erschuf Gott, der Herr, Rechtenbach:
"Darüber denk ich schon seit Nächten nach."
    Dann schuf er, oh Grausen,
    Auch noch Dornholzhausen.
Nun, jeder hat mal einen schlechten Tach.

Jon und Jonas würden sich gerne von diesem Limerick distanzieren. Er stammt von Natze, der in Rechtenbach aufgewachsen ist. Wir entschuldigen uns ausdrücklich bei allen Dornholzhausenern. Es muss schon schlimm genug sein, dort leben zu müssen.

Mitte

Ein Stier sprach zum Tierarzt in Mitte:
"Ich möchte ein Ochse sein, bitte!"
  "Dann ist es von Nöten,
  Dass ich Ihre Klöten ..."
Weiter kam er nicht, wegen der Tritte.

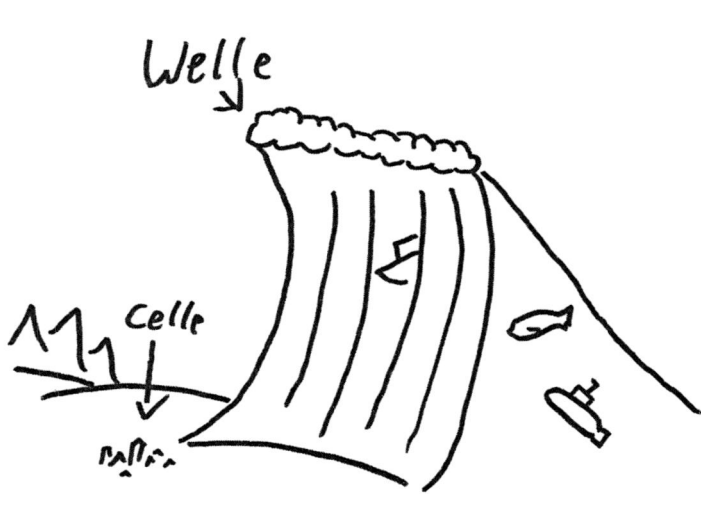

Celle

Es war mal ein Surfer in Celle
Der stand mit dem Surfbrett zur Stelle.
  "Wenn die Eisberge schmelzen,
  Wird's alles umwälzen –
Aber DAS wird 'ne richtige Welle."

Inhaltsverzeichnis